Lecturas históricas norteamericanas
Reading American History

El viaje de Colón
The Journey of Columbus

Escrito por Melinda Lilly/Written by Melinda Lilly
Ilustrado por Raquel Díaz/Illustrated by Raquel Díaz

Consultores educativos/Consulting editors
Kimberly Weiner, Ed.D.
Betty Carter, Ed.D.

Rourke
Publishing LLC

Vero Beach, Florida 32963

www.rourkepublishing.com

A mis amigos de Versal, marineros de este nuevo viaje.
To my friends at Versal, crewmates on this new voyage.
—R. D.

Designer: Elizabeth J. Bender

Art Direction: Rigo Aguirre, www.versalgroup.com

Library of Congress Cataloging-in-Publication Data

Lilly, Melinda.
   [The Journey of Columbus. Bilingual. Spanish/English]
     El viaje de Colón / Melinda Lilly; illustrated by Raquel Díaz.
     p. cm. — (Lecturas históricas norteamericanas)
   ISBN 1-59515-636-4 (hardcover)

Ilustración de la cubierta: Colón con la *Niña*, la *Pinta* y la *Santa María*
Cover Illustration: Columbus and the *Niña, Pinta*, and *Santa Maria*

Printed in the USA

Cronología
Time Line

Ayude a los estudiantes a seguir esta historia, presentándoles eventos importantes en la Cronología.
Help students follow this story by introducing important events in the Time Line.

100   En China, se inventa la brújula.
100   The compass is invented in China.

1492   Colón llega a América.
1492   Columbus reaches the Americas.

1498   Vasco de Gama llega a la India navegando por el cabo de
        Buena Esperanza.
1498   Vasco da Gama arrives in India by way of the Cape of Good Hope.

1506   Muere Colón.
1506   Columbus dies.

1513   Juan Ponce de León desembarca en Florida.
1513   Juan Ponce de León lands in Florida.

1522   El barco de Magallanes con 18 tripulantes completa la circunnavegación
        del mundo.
1522   Magellan's ship and 18 crew members complete circumnavigation
        of world.

1609   Henry Hudson explora el área de Nueva York.
1609   Henry Hudson explores the New York area.

Colón parte hacia **Asia**.
Los barcos zarpan en 1492.

Columbus sets off for **Asia**.
The ships sail in 1492.

Colón en el mar
Columbus at sea

Las semanas se suceden en las naves, la **Niña**, la **Pinta** y la **Santa María**.

Weeks pass on the ships **Niña**, **Pinta**, and **Santa Maria**.

Las naves
The ships

"¡Regresemos!" dicen
los **marineros**.

"Go back!" the **sailors** say.

Los marineros y Colón
The sailors and Columbus

Los marineros piensan que el **mundo** es plano. Los marineros no quieren caerse del mundo plano.

The sailors think the **world** is flat.
The sailors do not want to fall off the flat world.

Los marineros miran el mapa.
Sailors look at the map.

Colón sabe que el mundo no es plano.

Columbus knows the world is not flat.

Colón con su mapa
Columbus with his map

Colón continúa navegando.

Columbus sails on.

En el **viaje**
On the **journey**

"¡Tierra! ¡Tierra!" grita un marinero.

"Land! Land!" yells a sailor.

Un marinero divisa tierra.
A sailor spots land.

18

Colón no está en Asia. Los barcos se detienen en una **isla** de **América**.

Columbus is not in Asia. The ships stop at an **island** in the **Americas**.

Los barcos llegan a América.
The ships come to the Americas.

Pronto, mucha gente sabrá que
existe América.

Soon, many more people will know
of the Americas.

Colón regresa a casa.
Columbus comes back home.

21

Lista de palabras
Word List

América — el conjunto de los continentes americanos
Americas (uh MER ih kuz) — The American continents

Asia — continente al lado de Europa y de los océanos Pacífico, Ártico e Índico
Asia (AY zhuh) — A continent that is next to Europe and the Pacific, Arctic, and
  Indian oceans

Colón, Cristóbal — importante explorador que navegó hasta las islas del Caribe en 1492
Columbus, Christopher (Kuh LUM bus, KRIS tuh fer) — An important explorer,
  Christopher Columbus sailed to islands in the Caribbean in 1492.

isla — tierra rodeada por agua que es muy pequeña para ser un continente
island (EYE lund) — Land that is surrounded by water and is too small to be a continent

mundo — el globo terráqueo, la Tierra
world (WURLD) — The globe, the Earth

Niña — una de las naves de Colón
Niña (NEEN yuh) — One of Columbus's ships

Pinta — una de las naves de Colón
Pinta (PEEN tuh) — One of Columbus's ships

Santa María — la nave capitana en el viaje de Colón de 1492
Santa Maria (SAN tuh muh REE uh) — The flagship of Columbus's 1492 journey

viaje — un recorrido largo
journey (JUR nee) — A trip

Libros recomendados
Books to Read

Dekay, James. *Meet Christopher Columbus*. Random House, 2001.

Devillier, Christy. *Christopher Columbus*. Abdo & Daughters, 2002.

Fontanez, Edwin. *Taino: The Activity Book*. Exit Studio, 1996.

Roop, Peter and Connie Roop. *Christopher Columbus*. Scholastic, 2001.

Páginas de internet
Websites to Visit

www.ibiblio.org/expo/1492.exhibit/Intro.html

www1.minn.net/%7Ekeithp/

www.childfun.com/themes/columbus.shtml

www.fordham.edu/halsall/source/columbus1.html

http://search.biography.com/print_record.pl?id=4596

Índice

Index